Patrones crecientes

Los números de Fibonacci
en la naturaleza

Sarah C. Campbell

Fotografías de
Sarah C. Campbell
y Richard P. Campbell
Traducido por Ezequiel Zaidenwerg

ASTRA YOUNG READERS

UN SELLO EDITORIAL DE ASTRA BOOKS FOR YOUNG READERS

New York

Para Graeme, Nathan y Douglas

Astra Young Readers
un sello editorial de Astra Books for Young Readers,
una división de Astra Publishing House
astrapublishinghouse.com
Impreso en China

ISBN: 978-1-6626-2075-1 (pb)
ISBN: 978-1-6626-2076-8 (eBook)
Library of Congress Control Number: 2023920482

10 9 8 7 6 5 4 3 2 1

El texto está hecho en Minion.

Agradecimientos

La inspiración para un libro puede surgir en un instante. En este caso, fue durante una revisión de mi portafolio con un director de arte en una conferencia de la SCBWI (la sociedad de escritores e ilustradores de libros para niños, por sus siglas en inglés). Sin embargo, la creación de un libro es un proceso largo y colaborativo. Tuve mucha ayuda a lo largo del camino.

En primer lugar, quiero dar las gracias a Richard, mi compañero de vida y de aventuras creativas. Aprecio tu interés, apoyo, consejos, conocimientos técnicos y ojo artístico.

Agradezco a mi editor, Andy Boyles, por su dominio de la prosa explicativa para jóvenes lectores. Por revisar el manuscrito, doy las gracias al Dr. Pau Atela, profesor de Matemáticas en el Smith College de Northampton, Massachusetts; a la Dra. Connie Campbell, profesora de Matemáticas en el Millsaps College de Jackson, Mississippi; y al Dr. Matthew Bardoe, profesor de Matemáticas en la Latin School de Chicago. Doy las gracias a mis padres, Dave y Patty Crosby, por crear un lugar perfecto para fotografiar flores silvestres, por prestarme los libros para identificarlas y por leer muchos borradores. Gracias también a mi tía Kathy Welde, quien nos regaló la concha de nautilo.

Por último, agradezco a los jóvenes que leyeron los borradores a lo largo del camino y me dieron sus valiosos comentarios: Susanna y Charley Blount, Sophia Bowley y Mary Emerson Owen. También doy las gracias a la clase de segundo grado de Beth West en la Davis Magnet School de Jackson, Mississippi, especialmente a Ruben Banks y Bryce Winn, quienes escribieron una página entera de comentarios.

—SCC

Una semilla se convierte en una planta.
Cuando termine de crecer, podría ser
una mata de hierba, una margarita o un árbol.
La semilla contiene las instrucciones de cómo
crecerá la planta.
¿Qué forma tendrá?
¿De qué tamaño será?
¿De qué color?

Esta cala tiene flores blancas...
siempre con un solo pétalo.
El número de pétalos de una flor y
las formas y patrones que hacen dependen de
dos cosas: las instrucciones de la planta y sus
condiciones de crecimiento.

Esta planta se llama corona de espinas.
Cuenta los pétalos.

Esta es una flor de Virginia.
Cuenta los pétalos.

Esta es una flor de membrillo.
Cuenta los pétalos.

Esta es una cosmos.
Cuenta los pétalos.

9

Estas flores tienen 1, 2, 3, 5 y 8 pétalos. Estos números guardan una relación especial entre sí y con la naturaleza.

Al igual que esta historia,
que empezó con una semilla y una flor con un pétalo,
este patrón especial empieza con 1 y 1.
Para obtener el siguiente número, suma 1 más 1, que es igual a 2.

Esta es la regla para estos números especiales:
para obtener el número siguiente,
suma los dos números anteriores.
Así, el número después del 2 es:
1 más 2, que es igual a 3.

El siguiente número es:
2 más 3, que es igual a 5.

El siguiente número es: 3 más 5, que es igual a 8.

La primera vez que alguien escribió sobre estos números especiales fue en la antigua India, pero hoy llevan el nombre de un matemático italiano llamado Fibonacci (Fi-bo-na-chi). A lo largo de los años, la gente se ha dado cuenta de que los números de Fibonacci están por todas partes en la naturaleza. Aquí tienes más flores con pétalos que equivalen a números de Fibonacci.

Los números aumentan cada vez más,
siguiendo siempre la misma regla.
El número después del 8 es:
5 más 8, que es igual a 13.

$$1 + 1 = 2$$
$$1 + 2 = 3$$
$$2 + 3 = 5$$
$$3 + 5 = 8$$
$$5 + 8 = 13$$
$$8 + 13 = 21$$
$$13 + 21 = 34$$

13

Los 12 primeros números de la secuencia de Fibonacci son
1, 1, 2, 3, 5, 8, 13, 21, 34, 55, 89 y 144.

Hasta ahora, cada una de las flores en estas fotos ha tenido un
número de Fibonacci: el número de pétalos.
En los girasoles y las piñas hay todavía más números de
Fibonacci.

Las brácteas que crecen en la parte inferior de una piña de pino parecen pétalos, pero cada una tiene una punta afilada. ¡Huy! Salen del tallo en espirales.

Todas las fotos en estas dos páginas muestran la misma piña de pino. En la siguiente página, oscurecimos algunas espirales para ayudarte a ver el patrón.

Cuenta las espirales. Contando las espirales que van en un sentido (en la foto de arriba), esta piña de pino tiene 8. Contando las espirales que van en el otro sentido (en la foto de la izquierda), tiene 13. Ambos son números de Fibonacci.

Mira las flores de disco en el centro de este girasol. También crecen en espiral. ¿Puedes contar las espirales?

Igual que la piña de pino, el girasol hace dos líneas de espirales. Una se curva en una dirección. La otra va en la dirección opuesta.

Cuando los números de Fibonacci aparecen en espirales, los números siempre están uno al lado del otro en el patrón.

1, 1, 2, 3, 5, 8, 13, 21, **34**, **55**, 89, 144 . . .

Las secciones del exterior de una piña crecen en espiral. Podrías contar las espirales yendo en tres direcciones distintas... si pudieras girar la piña mientras cuentas.

En la página siguiente, en la foto de abajo a la derecha, encontrarás 5 espirales. En la de arriba a la derecha, 8 espirales. En la foto de la izquierda, 13.

¡Fibonacci!

Observa una piña de verdad para contar todas las espirales.

Existe una tercera forma de ver los números de Fibonacci en la naturaleza. La espiral es diferente y se encuentra en un animal. Esta espiral comienza al principio de la secuencia de Fibonacci y va creciendo igual que los números de Fibonacci. Mira el dibujo de la siguiente página. La espiral comienza en una esquina del cuadrado rojo y se curva a través del cuadrado naranja, el cuadrado amarillo, el cuadrado verde, el cuadrado azul y el cuadrado morado.

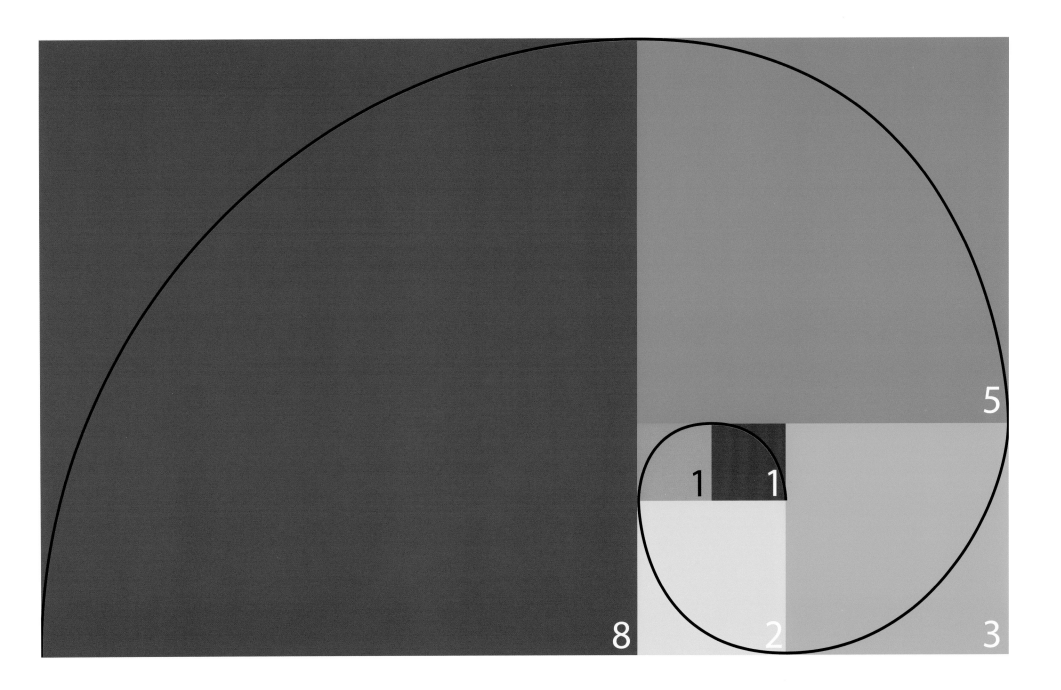

Esta espiral es como la que forma un nautilo al crecer. El nautilo es un animal marino cuya concha es similar a la de un caracol. Al igual que las plantas, los animales ya traen instrucciones que determinan cómo crecen. La fotografía de la página siguiente muestra el interior de una concha de nautilo vacía.
¿Ves la espiral?

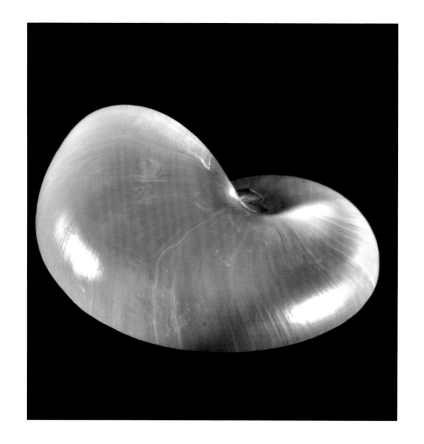

No todos los números que hay en la naturaleza son números de Fibonacci. La flor de cornejo tiene 4 pétalos y un amarilis tiene 6. El caracol de jardín y los brotes del helecho tienen forma espiral, pero no es la misma que la del nautilo. La próxima vez que salgas al aire libre, fíjate bien en las plantas y los animales. Mira si encuentras números de Fibonacci, espirales o algún otro patrón. Están creciendo siempre a nuestro alrededor.

Más sobre los números de Fibonacci

Fibonacci, el hombre

El primer matemático que escribió sobre los números de Fibonacci fue un italiano llamado Leonardo. Vivía en Pisa, por lo que su nombre era Leonardo de Pisa. Cuando terminó su libro más importante, *Liber Abaci*, en 1202, firmó con el nombre de Fibonacci, que puede traducirse como "hijo de Bonaccio". Lo conocemos comúnmente como Fibonacci.

Antes de Fibonacci

Las interesantes propiedades de este conjunto especial de números {1, 1, 2, 3, 5, 8, 13,...} eran conocidas por eruditos de la India antes de la época de Fibonacci. Entre ellos se encontraban Pingala, Virhanka, Gopala y Hemachandra.

El problema de los conejos

Inicialmente, Fibonacci describió su famosa secuencia numérica como la solución a un problema matemático sobre por qué cada nueva generación de conejos tiene camadas más numerosas que la anterior. Sin embargo, la cantidad de crías de los conejos realmente no tiene nada que ver con el patrón de Fibonacci.

¿Por qué los números de Fibonacci?

Los científicos que estudian plantas han descubierto que los números de Fibonacci aparecen a menudo en plantas que tienen múltiples partes (como hojas, pétalos o semillas) dispuestas alrededor de un único tallo. Un estudio reveló que dos números de Fibonacci sucesivos estaban presentes en más del 90% de estas plantas. La frecuente aparición de los números de Fibonacci en la naturaleza ha sido un enigma durante mucho tiempo. Recientemente, científicos y matemáticos han sido capaces de reproducir los patrones en estudios de laboratorio y han ofrecido nuevas ideas sobre por qué surgen los números.

La proporción áurea

Si divides cualquier número (excepto los primeros) de la sucesión de Fibonacci entre el número inmediatamente anterior—por ejemplo, 21 ÷ 13 o 55 ÷ 34—obtendrás un número que se aproxima a la "proporción áurea", que es 1.61803. La proporción áurea se remonta a mucho antes que los números de Fibonacci. Se utilizaba en los edificios antiguos y se menciona en los primeros libros de geometría y matemáticas. Las páginas que estás leyendo tienen 12 pulgadas (30.48 centímetros) de ancho y 7.4 pulgadas (18.796 centímetros) de alto, lo que las acerca a los rectángulos áureos: 12 ÷ 7.4 = 1.62. Si tuvieran 7.41643 pulgadas (18.8377322 centímetros) de alto, serían rectángulos áureos *perfectos*.

Los números de Lucas

Existe otra secuencia de números que funciona igual que la de Fibonacci y también aparece en la naturaleza, la única diferencia son los números iniciales. Esta secuencia debe su nombre al matemático francés Édouard Lucas y comienza con 2 y 1. Luego sigue esta regla: para obtener cada número siguiente se suman los dos anteriores. Así, 2, 1, 3, 4, 7, 11, 18, 29, 47...

Espiral áurea

Este diagrama muestra una verdadera espiral áurea. Es similar, pero no exactamente igual, al diagrama de la página 27 que proviene del patrón de Fibonacci. Una verdadera espiral áurea se ensancha a medida que crece por un factor de la proporción áurea, o 1.61803, en el transcurso de cada cuarto de vuelta.

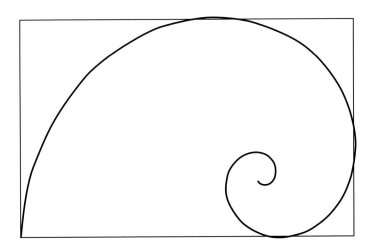

Glosario

bráctea una parte de la planta que tiene forma de hoja o escama, normalmente pequeña.

flores de disco un grupo de flores pequeñas que forman parte de una flor compuesta. Normalmente se encuentran en el centro de la cabeza, como en el caso de un girasol.

números de Fibonacci la secuencia de números—1, 1, 2, 3, 5, 8, 13, 21...—en la que cada número sucesivo es igual a la suma de los dos números precedentes.

proporción áurea el número irracional $(1 + \sqrt{5})/2$, o, aproximadamente, 1.61803.

rectángulo áureo rectángulo en el que los lados más largos tienen 1.61803 veces la longitud de los lados más cortos. Los antiguos griegos pensaban que un rectángulo construido con esta proporción era el más agradable a la vista.

instrucciones direcciones detalladas sobre procedimientos a seguir.

patrón un diseño, de origen natural o accidental, cuya forma característica es consistente.

pétalo una parte de una flor, generalmente vistosa y coloreada.

semilla un óvulo de planta fertilizada que contiene un embrión capaz de desarrollar una nueva planta.

secuencia una serie de objetos o símbolos que se suceden en un orden establecido.

espiral la trayectoria de un punto que se mueve alrededor de un centro fijo a una distancia creciente o decreciente.

Espirales

Packera Glabella

A. Salvia
B. Cala
C. Corona de espinas
D. Trilio
E. Hierba doncella
F. Cosmos